HAZTE VER COMO COACH

La Guía Definitiva para Escribir Libros que Vendan tus Servicios de Coaching por Ti y Aumenten tu Cartera de Clientes

Sento Lorente

Título: Hazte Ver Como Coach

© 2018, **www.escritoyhecho.com**

© De los textos: Sento Lorente

Ilustración de portada: **www.escritoyhecho.com**

Revisión de estilo: **www.escritoyhecho.com**

1ª edición

Todos los Derechos Reservados.

¡¡IMPORTANTE!!

No tienes los derechos de Reproducción o Reventa de este Producto.

Este libro tiene Todos los Derechos Reservados.

Antes de venderlo, publicarlo en parte o en su totalidad, modificarlo o distribuirlo de cualquier forma, te recomiendo que consultes al autor.

El autor no puede garantizarte que los resultados obtenidos por él mismo al aplicar las técnicas aquí descritas, vayan a ser los tuyos.

Básicamente por dos motivos:

> Sólo tú sabes qué porcentaje de implicación aplicarás para implementar lo aprendido (cuanta más implementación, más resultados).

> Aunque apliques en la misma medida que él, tampoco es garantía de obtención de las mismas ganancias, ya que incluso podrías obtener más, dependiendo de tus habilidades para desarrollar nuevas técnicas a partir de las aquí descritas.

Aunque todas las precauciones se han tomado para verificar la exactitud de la información contenida en el presente documento, el autor y el editor no asumen ninguna responsabilidad por cualquier error u omisión.

No se asume responsabilidad por daños que puedan resultar del uso de la información que contiene.

Así pues, buen trabajo y mejores Éxitos.

TABLA DE CONTENIDOS

Introducción 9
Capítulo 1. Lo Primero Es Lo Primero 13
Capítulo 2. ¿Sobre Qué Vas A Escribir? 21
Capítulo 3. ¿Qué Pasa A Tu Alrededor? 25
Capítulo 4. ¿A Quién Le Vas A Escribir? 31
Capítulo 5. ¿Qué Libro Escribir? 39
Capítulo 6. Define La Ruta 43
Capítulo 7. Haz Sentirse Cómodo a tu Lector Ideal 51
Capítulo 8. La Venta Invisible 61
Capítulo 9. El Momento Cumbre 65
Conclusión 69
Recursos 73
Sobre el Autor 75

INTRODUCCIÓN

Cuándo surgió la idea de escribir este libro, había algo que tenía muy claro, no iba a ser un libro de coaching sino un libro que enseñe a coaches como tú a escribir libros y convertirlos en auténticas máquinas de promoción que vendan sus servicios de coaching.

No estás ante un libro más, más bien al contrario, estás ante una guía que te va a mostrar el camino más fácil para escribir libros enfocados en las necesidades de tus lectores y por lo tanto, libros que van a tener la acogida que se merecen entre la gente que está esperándolos.

Sé que es una promesa bastante ambiciosa la que te hago en este libro, pero ten por seguro que no es un brindis al sol, sé lo que te voy a enseñar y qué es lo que serás capaz de hacer una vez termines de leer y aplicar todo cuando estás a punto de descubrir.

En la travesía que estás a punto de emprender entre las páginas siguientes, te vas a encontrar con muchas cosas que te van a sorprender, como por ejemplo, lo primero que tienes que hacer antes de ponerte a aporrear las teclas.

Sé que te va a sorprender y extrañar a partes iguales porque todos, y cuando te digo todos son todos, los alumnos de mis cursos y mentorías individualizadas, cuando han descubierto por dónde tienen que empezar realmente a escribir, me han mirado con con la misma cara que pone una vaca mirando al tren, pero cuando lo han puesto en práctica me han felicitado por lo sencillo y práctico que resulta.

No te preocupes, enseguida vas a saber de qué te hablo, al fin y al cabo es lo que te muestro en los primeros capítulos.

Hay algo que debes saber, una vez apliques todo lo que vas a descubrir aquí, tus libros van a tener ese "no sé que es" que tienen los libros exitosos, ese "algo" que tienen esos libros especiales y que cuando terminas de leerlos dices: *"es que este libro no es como los demás, tiene algo diferente pero no sé qué es"*. Y eso es lo que van a tener tus libros.

Pero no vas a caminar en solitario, te voy a estar llevando de la mano, paso a paso, para que no te pierdas ni un solo detalle y apliques al milímetro todo lo que tienes que aplicar en cada momento, sí voy a estar contigo en todo momento.

Y puede que ahora estés pensando: *"Ya, pero no sé si voy a ser capaz de escribir un libro de esos que dices..."*

Bueno, bueno, bueno, ya te digo yo que sí. Al fin y al cabo tienes lo más complicado que es la idea y las ganas de compartir con el mundo tu conocimiento, a partir de ahí, lo que viene déjalo de mi cuenta, ¿ok?

Una vez termines este libro:

Vas a ser capaz de saber escribir de manera que tu lector aprenda divirtiéndose y vas a lograr que tus libros se le hagan tan cortos, que al terminar quieran seguir sabiendo más de ti y ahí entran en juego tus servicios de coaching.

Vas a saber escribir de manera que tendrán la sensación de que los llevas de la mano y los acompañas a lo largo de todo el libro, tal y como voy a hacer contigo.

Vas a saber sembrar para que, cuando lleguen al final del libro, puedas recolectar todo ese triunfo que has sembrado a lo largo del libro.

Y algunas sorpresas más, que no te revelo porque son eso, Sorpresas.

En definitiva, estás a punto de conocer el sistema que te va a permitir mostrarles a tus lectores tu talento como coach y convertirlos de lectores a clientes fieles cuando terminen de leer tus libros.

¿Cómo sacarle el máximo partido a este libro?

Este no es un libro más, creo que ya lo intuyes, es un libro interactivo.

¿Y qué quiere decir eso?

Pues que no se trata de que yo escriba, tú leas y listo.

No.

Si de verdad quieres sacarle todo el jugo y escribir esos pedazos de librazos que vendan tus servicios por ti, tendrás que contar con dos socios: tu cuaderno de bitácora y lápiz o boli.

¿Para qué los necesitas?

Para hacer todos los ejercicios que te propongo a lo largo del libro y registrar en tu cuaderno de bitácora los resultados.

Y ya estás pensando: *"¿En serio, Sento? ¿De verdad me vas a hacer trabajar?"*

La respuesta es...

Eso lo decides tú.

En tus manos está si quieres que este sea un libro para pasar un ratito agradable y ameno de lectura o por el contrario, que se convierta en un arma poderosísima a la hora de escribir ese libro que deseas.

Si tu decisión es la segunda, haz todos los ejercicios, anota en tu cuaderno de bitácora las respuestas y al final del libro tendrás todas las claves para escribir libros que vendan tus servicios de coaching por ti.

Pero no me enrollo más, tenemos mucho trabajo que hacer y esto empieza por continuar tu lectura para que descubras qué es lo primero que tienes que hacer antes de ponerte a escribir tu libro.

Así pues, te espero en el primer capítulo.

Ah, vente con ganitas que hay mucho que trabajar.

¡Vamos allá...!

CAPÍTULO 1. LO PRIMERO ES LO PRIMERO

Antes que nada quiero que te hagas un favor, grábate a fuego en tu mente lo primero que debes hacer a la hora de escribir tu libro y que es algo que muchos desconocen.

Mira, la gran mayoría piensa que escribir un libro es abrir tu procesador de textos y ponerte a escribir como si no hubiese un mañana.

Nada más lejos de la realidad.

Si haces eso, las consecuencias serán fracaso absoluto, tiempo perdido y libros perdidos en el infinito y más allá.

Por suerte para ti estás aquí y ahora, leyendo este libro en el que te voy a dar las claves para que escribas libros auténticos, libros que reflejen a la perfección tu manera de dar coaching, libros que sean una versión tuya transformada en letras.

Y eso pasa por hacer primero un trabajo de reflexión.

Eso pasa por hacerte estas preguntas, cuyas respuestas te van a aclararte mucho el camino de escritura de tus libros:

¿Qué plantearte antes que nada?

¿Sobre qué vas a escribir?

¿Le interesa a alguien tu libro?

¿Qué pasa a tu alrededor?

¿A quién le vas a escribir?

¿Qué tipo de libro te interesa más escribir?

Como ves, no son pocas las preguntas las que te debes responder, pero ten por seguro que, una vez tengas claras las respuestas, vas a fluir en la escritura de tu libro porque tendrás muy claro el objetivo que quieres lograr con él y lo más importante, vas a escribir libros que ayuden a las personas que realmente te necesitan como coach. lo que es sinónimo de Éxito.

Pero veamos con detalle todas y cada una de estas preguntas, para que tengas mucho más claro qué y cómo debes respondértelas:

¿Por qué quieres escribir un libro?

Esto, que parece una pregunta muy simple, tiene multitud de respuestas. Tantas como motivos tienen las personas para escribir un libro.

Por eso, debes definir muy bien tu motivo, debes definir muy bien por qué quieres escribir tu libro, y en función de eso, seguir respondiendo las preguntas que vienen después, para planificar correctamente la escritura de tu libro.

¿Qué motiva a las personas a escribir sus libros?

Cumplir un sueño

Hay personas que tienen como motivación para escribir sus libros, el simple hecho de cumplir un sueño o la simple vanidad de decir que son autores.

Esto es muy respetable, pero evidentemente el tipo de libro que escribirán no tiene nada que ver con el que escribirían si fueran a promocionar sus productos o servicios, no tiene nada que ver con el que escribirás tú para vender tus servicios de coaching.

No sé qué tipo de motivación tendrás tú para escribir tus libros, pero si tu motivación es escribir un libro para mejorar tu vida personal y profesional, estás en lo cierto.

¿Y cómo la va a mejorar?

En el aspecto personal:

Te vas a llevar la satisfacción personal de saber que estás ayudando a muchísimas personas gracias transmitirles tu conocimiento a través de tu libro.

¡Ni te imaginas lo bonito que es levantarte por las mañanas pensando en que estás ayudando a muchísimas personas ese mismo día!

Lo sé porque eso es justo lo que he pensado yo esta mañana y ahora estamos aquí los dos, yo ofreciéndote mi ayuda y tú recibiéndola para escribir libros que vendan tus servicios de coaching y te posicionen como referente en tu mercado.

¿Te das cuenta?

En lo profesional:

El ayudar a las personas a resolver sus problemas te va a dar el empuje profesional, el empaque y el posicionamiento que estás deseando Obtener para escalar con un negocio más todavía y convertirte así en un experto y un referente en mi nicho de mercado.

Porque es tu mejor tarjeta de visita

Si tu motivación es escribir un libro porque sabes que es tu mejor tarjeta de visita, también estás en lo cierto.

Mira, yo he estado en muchos eventos presenciales en los que siempre pasa lo mismo, termina el ponente de dar su charla y cuando baja del escenario, se le acercan cientos de personas a entregarle sus tarjetas de visita.

¿Y sabes qué es lo que hace esta persona con esas tarjetas?

Las acumula una encima de otra como si fueran las cartas de una baraja, ¿de verdad crees que las va a consultar alguna vez?

Sin embargo, en uno de esos eventos, se acercó una persona a la marabunta "entregatarjetas" y cuando le llegó el turno dijo: *"Encantado de conocerte. Toma, este es mi libro, por si te apetece leerlo."*

¿Sabes qué sucedió?

El ponente regresaba ese mismo día a su casa en tren, un viaje de cerca de 3 horas, y aprovechó para entretenerse leyendo.

¿Las tarjetas de visita?

No.

El libro que esta persona le había regalado.

La consecuencia de todo esto es que 3 meses después de haberle entregado el libro, esta persona estaba trabajando en el equipo del ponente.

¿Te das cuenta de la potencia que tiene un libro como tarjeta de visita y cómo puedes superar a tu competencia de un solo plumazo?

Porque te va a abrir muchas puertas

Si tu motivación para escribir un libro es porque sabes que te va abrir muchísimas puertas, evidentemente que va a ser así.

Primero, porque te va a permitir llegar a muchas personas que, si no fuera a través de tu libro, jamás te habrían conocido ni sabrían de tus servicios como coach.

Te las da abrir porque tu nombre va a sonar como autor o autora, con lo cual, la gente te va a percibir como experto o experta en tu temática y esto llamará la atención de los Top de tu mercado y puede que incluso te contacten para proponerte alianzas estratégicas con ellos, que te den más posicionamiento todavía y te muestre ante muchas más personas.

Y si esto que te acabo de decir te sorprende, párate a pensar en cuando lees un libro...

¿Cómo percibes a la persona que lo ha escrito?

Como alguien experto, ¿verdad?

Pues así es como van a percibirte las personas cuando escribas el tuyo.

Y déjame decirte que esto te dará mucha más credibilidad como coach, ya que no es lo mismo que digas que eres coach certificado en X institución, a que digas que eres coach certificado y autor o autora del libro...

¿Cómo crees que enriquecerás más tu currículum, con solo titulaciones o con titulaciones y títulos de libros de autoría?

Porque quieres ganar más dinero

Si tu motivación para escribir tu libro es porque quieres ganar más dinero, también estás en lo cierto.

Pero ojo, no quiero que te lleves a engaño.

¡Un libro por sí solo no te va a dar una fortuna! (A no ser que escribas la nueva saga de Harry Potter).

Lo que te va a dar dinero de verdad es lo que vas a lograr gracias a tu libro, o libros.

Por ejemplo, ten por seguro que tener un libro publicado y haciendo el suficiente ruido para promocionarlo, con el tiempo va a hacer que lo lean cada vez más personas y esto te va a permitir aumentar tu caché porque un libro te convierte en autoridad, ya que:

Escritor = Autor

Autor = Experto

Experto = $$$$

¿Y por qué Experto es igual a dinero?

Porque después de leer y aplicar todo cuanto te voy a entregar en este libro, vas a aumentar tu cartera de clientes gracias a escribir tus libros de manera que enamoren a tus lectores y los conviertan en clientes fieles que te van a contactar para solicitar tus servicios, productos o lo que tengas para ellos.

Porque vas a percibir ingresos pasivos, gracias a las regalías por ventas de tus libros. Y esto es mes tras mes. Ah, y no creas que vas a vender libros solamente en tu ciudad o país, no. El mercado es inmenso gracias a Internet y puede que un día te lleves la sorpresa de vender libros en Japón o en cualquier otro país, como la que me llevé yo, y te aseguro que familia japonesa no tengo.

Porque en tus libros vas a promocionar tus servicios como coach o los productos que tengas para ofrecer a tus lectores que, te recuerdo, ya son clientes porque sacaron su billetera para comprar tu libro. Por lo tanto, el trabajo que va a hacer tu libro por ti es fidelizarlos.

Porque te van a llamar para dar conferencias y no solo vas a percibir ingresos por dar estas conferencias, sino que también puedes aprovechar para vender tus libros en ese mismo evento, con lo que aumentarás tu posicionamiento aún más.

Porque quieres destacarte de tu competencia

Y por supuesto si tu motivo principal es porque quieres marcar la diferencia con tu competencia, un libro va a ser la herramienta perfecta.

¿Por qué?

Porque el 99% de tu competencia no tiene un libro escrito, con lo cual, con el simple hecho de escribir un libro ya tienes dan parte de esa diferenciación hecha.

Porque tu libro te permite mostrar toda tu experiencia y conocimiento a los lectores sin tener que estar presente, y esto es algo diferente, es algo que te va a funcionar siempre, porque tu libro va a estar trabajando para ti durante 24 horas al día, los 365 días del año.

Y porque escribiendo un libro para hacerte ver como coach, estás haciendo las cosas diferentes al resto de tus competidores, y ya sabes que diferenciación es sinónimo de éxito, ¿verdad?

Porque quieres lograr más reconocimiento

Y si tu motivación es escribir un libro para lograr reconocimiento, estás en lo cierto.

Ya acabas de ver que gracias a tu libro obtienes estatus de autoridad, impactas en la vida de las personas y te conviertes en referente en tu mercado.

Y por supuesto, ten por seguro que pocas cosas te van a dar más credibilidad que escribir un libro.

Te acabo de mostrar las motivaciones más comunes entre los alumnos de mis cursos y talleres y mis clientes de asesoría individual. Por supuesto que hay más y por supuesto que tú tendrás tu propia motivación, así que, ahora tu trabajo es parar de leer, buscar un sitio tranquilo, reservarte un tiempo de reflexión y anotar en tu cuaderno de bitácora qué es lo que te motiva para escribir tu libro.

Tómate el tiempo que necesites y cuando lo tengas, regresa a la lectura, porque todavía faltan más preguntas que debes responderte antes de ponerte a escribir tu libro.

Nos vemos en un rato para presentarte la siguiente pregunta, ahora toca responderte cuál es tu motivación para escribir tu libro.

CAPÍTULO 2. ¿SOBRE QUÉ VAS A ESCRIBIR?

Sí, sé que ahora mismo estarás pensando: *"Pero Sento, ¿sobre qué voy a escribir? ¡Sobre mi tema!"*

Por supuesto, que sí. Vas a escribir sobre tu tema, al fin y al cabo, tu libro debe hacer que te conozcan como coach de tu temática, no vas a escribir un libro de jardinería si eres coach de Desarrollo Personal. Es lógico, ¿verdad?

Peeeeero...

¿Tienes claro que ese tema que has escogido para tu libro tenga un mercado potencial deseoso de leerlo?

¿Tienes claro cómo averiguarlo?

¿Tienes claro si de verdad le interesa a alguien el libro que vas a escribir o te vas a lanzar a la aventura?

No te preocupes, estamos aquí para que obtengas respuestas a estas preguntas, ¿cierto?

Por eso, te voy a contar...

¿Cómo saber si tu libro le interesa a alguien?

Aquí hay una frase que lo resume a la perfección...

¡Amazon es tu amigo!

Sí, tal cual has leído.

Para saber si tu libro le va a interesar a alguien, si tiene un mercado potencial de lectores deseando leerlo, vas a seguir los siguientes pasos (por favor, no subestimes el potencial de lo que voy a mostrarte, a pesar de su simpleza):

Entra en Amazon.

En la parte izquierda de su buscador, selecciona "Tienda Kindle".

A continuación escribe la palabra que defina el tema sobre el que vas a escribir.

Si aparecen libros escritos sobre el tema, felicidades porque hay gente interesada en él.

Si no aparecen libros escritos sobre el tema, tendrás que buscarte otro tema diferente o derivar tu tema hacia otro que tenga gente interesada en él. (Por ejemplo, si te encanta la jardinería y quieres escribir sobre plantar margaritas y no hay gente interesada, pero ves que sí que la hay interesada en plantas medicinales, puedes escribir un libro hablando de los beneficios de las plantas medicinales para la salud).

Ahora bien, esto que te acabo de explicar es la manera de averiguar si tu libro le interesa a alguien o no.

Y tengo clarísimo que si eres coach es porque tienes personas deseosas de que les ayudes, por lo tanto, es casi seguro que encuentres lectores para tu libro, aun así, debes hacer la comprobación que te acabo de explicar.

Pero aquí te vas a encontrar con otro problema...

Si buscas coach o coaching en el buscador de Amazon, te van a salir infinidad de libros escritos, pero resulta que estos términos son muy generales, con lo cual, tu competencia será brutal.

¿Quieres que te dé un TIP PODEROSO para asegurarte de que haya personas ALTAMENTE INTERESADAS en leer tu libro?

Pues eso ya será otro día...

Que noooo, ¡es broma!

¡Por supuesto que te lo voy a dar!

Ahí va...

Escribe sobre algún problema concreto y muy común, que estén esperando resolver urgentemente las personas que están interesadas en tu temática (más adelante te explico la manera de averiguar quiénes son y cómo escribirles).

Vuelve a leer lo anterior, porque es la Clave para asegurarte lectores...

Si encuentras un problema concreto que les quita el sueño a las personas y les das una solución específica a ese problema con tu libro, serás su héroe para siempre y por supuesto, te convertirás en su Experto o Experta número 1.

¿Y esto en qué te va a repercutir?

En que vas a lograr el objetivo que te has marcado antes y que has apuntado como motivación en tu cuaderno de bitácora.

¿Te das cuenta?

Simple, pero Poderoso.

Y como tienes tarea por hacer, ha llegado el momento de que dejes de leer de nuevo y averigües si tu temática tiene mercado deseoso de leer tu libro y si lo tiene, que te pares a reflexionar sobre cuál es ese problema específico que puedes ayudarles a resolver con tu libro.

Ah, una cosita más...

Para ayudarte en el proceso de averiguar si tu libro interesa a alguien, aquí te dejo el link a un tutorial en el que te muestro cómo hacerlo:

https://www.escritoyhecho.com/lo-primero-que-debes-hacer-al-escribir-un-libro/

No dirás que no te lo pongo fácil, ¿eh?

Pues venga, no tienes excusa...

Deja de leer y ponte a hacer de inmediato la tarea. Y recuerda escribir en tu cuaderno de bitácora los resultados y el problema concreto que vas a resolver.

Luego regresa aquí de nuevo, aún te quedan preguntas por resolver...

CAPÍTULO 3. ¿QUÉ PASA A TU ALREDEDOR?

Bueno, ¿qué tal te ha ido con la tarea de comprobar si tu tema tiene mercado?

Imagino que genial.

¿Y qué tal te ha ido a la hora de detectar ese problema que necesitan resolver las personas de manera urgente?

¿Ya la tienes?

Pues déjame felicitarte efusivamente porque...

¡Acabas de sembrar la semilla del éxito de tu libro!

Pero no nos vengamos arriba tan rápidamente, aún quedan algunas preguntas que debes responderte antes de ponerte manos a las teclas.

Y otra de ellas es la que da título a este capítulo... "¿Qué Pasa a tu Alrededor?"

Hey, deja de mirar a los lados y detrás tuyo y sigue leyendo... No me refiero a tu alrededor físico, sino a tu alrededor profesional, a lo que está haciendo tu competencia, esos que ya tienen libros escritos sobre el mismo tema que vas a abordar tú.

Es importantísimo que les espíes.

Sí, ha llegado la hora de convertirte en James Bond o en la mismísima Mata-Hari y comiences a echar un vistazo a lo que hay ya escrito.

¿Por qué?

Porque vas a saber qué está haciendo tu competencia (creo que ya te lo he dicho alguna vez jejeje) para mejorar lo que han escrito y que tu libro sea mucho mejor que los suyos.

Porque vas a conocer qué es lo que se está vendiendo ahora mismo y saber si tu tema está entre lo más vendido de la actualidad.

Porque vas a tener información de primera mano sobre qué es lo que le gusta a tu Lector Ideal (más adelante te hablaré de cómo saber quién es).

Porque sí, aunque es tu lector Ideal, también lo es de tu competencia y lee sus libros, por lo tanto, es importantísimo que sepas de sus gustos y necesidades para abordarlos en tu libro.

Y porque vas a saber qué le hace falta resolver a tu Lector Ideal y los demás no se lo están dando. Solamente conocer esto y resolverlo en tu libro, te va a dar una ventaja enorme sobre el resto de tu competencia.

¿Y qué beneficios te va a reportar el espiar a tu competencia?

Vas a escribir el libro que le hace falta a tu Lector Ideal.

Así, tal cual lo acabas de leer.

¿Por qué?

Porque vas a incluir en él las cosas que les gustan, las que echan en falta en otros libros y necesitan resolver, vas a eliminar lo que no les gusta de los demás, vas a evitar cometer errores que hacen que los otros libros les parezcan menos buenos...

En definitiva, (te lo vuelvo a repetir para que se te grabe a fuego) espiando a tu competencia...

¡Vas a escribir el libro que le hace falta a tu Lector Ideal!

Haciendo esto, vas a lograr dos beneficios más:

Vas a superar los libros de tu competencia.

Vas a lograr más repercusión porque tu libro va a gustar tanto, que la gente se lo recomendará a los demás. Y eso es lo que queremos que logres con tu libro, ¿verdad?

Que hablen mucho de ti y de tu libro, y sobre todo bien.

¿Y cómo espiar a tu competencia?

Vas a ver qué método tan simple, pero a la vez eficaz:

Paso 1. Elige entre 3 y 5 libros de tu temática

Me da igual que sean libros que hayas leído mil veces y los tengas en tu estantería...

Me da igual que los hayas visto en tu categoría de Amazon como los más vendidos...

Me da igual que sean tus libros de cabecera...

Paso 2. Vuélvelos a leer

Pero no como has hecho hasta ahora, los vas a leer analizándolos al máximo.

Paso 3. ¿Cómo analizar esos libros?

Vas a ponerte al lado tu cuaderno de bitácora y vas a escribir en él:

El Título, subtítulo y autor del libro

Siempre puede servirte de inspiración a la hora de crear el título y subtítulo del tuyo y para encontrar más libros de este autor para saber qué más hace.

¿Qué te gusta?

Aquí vas a escribir qué es lo que te gusta de esos libros.

Por ejemplo:

"Me gusta que desarrolle el tema en 15 capítulos en lugar de en 10 porque así explica mejor el tema y el lector lo entiende más fácilmente."

"Me gusta el tipo de letra."

"Me gusta cómo trata este tema desde este punto de vista."

¿Qué modificarías?

Por ejemplo:

"Toca un tema muy interesante, pero yo lo haría con un lenguaje menos técnico para que se entendiera mejor."

¿Qué incluirías?

Anota en este apartado todo cuanto echas en falta para que fuese un libro más completo.

¿Qué eliminarías?

Anota todo lo que no te ha gustado y eliminarías de ese libro, para no hacerlo en el tuyo.

Por ejemplo:

¿No te ha pasado alguna vez que lees libros que te dan la sensación de estar avanzando y retrocediendo constantemente? ¿Que no llevan un desarrollo lógico del tema?

Pues ese es un buen punto para no hacerlo tú. Por cierto, que sepas que no vas a terminar de leer este libro sin saber cómo evitar esto.

Eso sí, te lo cuento más adelante...

Este método tan simple, te va servir para convertir los libros de tu competencia en auténticas herramientas reveladoras de poderosa información que irás registrando en tu cuaderno de bitácora para tener una auténtica base de datos que te llevará a escribir el libro que está esperando tu Lector Ideal.

En otras palabras, vas a escribir el libro que necesitan y no dudarán en comprar.

Pero para ello, debes hacer esta tarea y completar tu cuaderno de bitácora, por lo que debes parar ahora la lectura y elegir los libros que analizarás.

Una vez los hayas elegido, anota los títulos, subtítulos y autor en tu cuaderno de bitácora y debajo crea los cuatro apartados que debes rellenar, ya sabes:

¿Qué te gusta?

¿Qué modificarías?

¿Qué incluirías?

¿Qué eliminarías?

Una vez tengas elegidos los libros y preparado tu cuaderno de bitácora, crea tu calendario de lectura analítica (te recomiendo que no lo alargues mucho. Un libro por día estaría bien) y comienza a analizar estos libros y a completar el cuaderno.

Y cuando los tengas todos analizados, crea una ficha resumen en tu cuaderno de bitácora con los mismo cuatro apartados, pero unificando todas las anotaciones que hiciste individualmente por libro.

Esta ficha resumen es la que te va a dar la idea de todo cuanto debes tener en cuenta a la hora de escribir tu libro.

Así que, ya sabe, manos a la obra.

Deja de leer ahora y ponte a elegir los libros y a crear las fichas en tu cuaderno y el calendario de lectura analítica y ponte a ello.

Yo te espero aquí, no te preocupes que no me marcho.

Aún tengo que presentarte más preguntas que debes contestarte para tenerlo todo listo y claro de cara a escribir tu libro.

Pero eso será en el siguiente capítulo. Ahora ponte a hacer la tarea.

CAPÍTULO 4. ¿A QUIÉN LE VAS A ESCRIBIR?

La respuesta a esta pregunta es muy clara...

¡A tu Lector Ideal!

Listo, pasemos al siguiente capítulo.

¡Que noooo, es broma!

¿En serio pensabas que te iba a dejar así, sin contarte cómo definir a tu Lector Ideal?

No es mi estilo. Ya has podido comprobar a lo largo de los capítulos anteriores que mi único interés es ayudarte a que logres escribir un libro que venda por ti tus servicios de coaching y te posicione en el Top de tu mercado y para eso, me encanta ponerte las cosas muy fáciles.

Y ahora no va a ser menos, así que, vamos al lío que tengo mucho que contarte con respecto a cómo definir a tu Lector Ideal.

Para ello, hay 3 cosas que debes tener en cuenta:

1. Tu libro no es para todo el mundo

Esto es lo primero que quiero que entiendas, que tu libro no es para todo el mundo.

Repito...

Tu libro no es para todo el mundo.

Esto, que parece tan obvio, es uno de los principales errores que cometen los autores que no logran tener éxito con sus libros.

Piensa por un momento...

Los más de 7.000.000.000 de habitantes que poblamos el planeta Tierra, ¿crees que tenemos los mismos gustos y aficiones?

¡Por supuesto que no!

Pero no nos vamos a ir a un ejemplo tan grande...

Todas las personas que hacen tu proceso de coaching, ¿tienen las mismas necesidades y problemas que resolver?

No, ¿verdad?

¿Y entonces qué te lleva a pensar que tienes que escribir un libro que cubra las necesidades de todo el mundo?

¡Eso es imposible!

2. Enfoca tus libros a tu Público Objetivo

Debes escribir libros que resuelvan problemas concretos a las personas que necesitan resolverlos (tu Público Objetivo) y no encuentran soluciones.

Si logras que tus libros sean las soluciones que están buscando, lograrás que tus libros tengan mucha más repercusión y ampliarás tus posibilidades de éxito a la hora de posicionarte como referente gracias a tus libros.

3. Debes definir a tu Lector Ideal

¿Para qué debes definir a tu Lector Ideal?

Para que tu libro llegue a quienes tiene que llegar, que son las personas que tienen el problema que tú has detectado y al que das solución en tu libro a tu Público Objetivo.

Para potenciar el efecto positivo de tu libro. Es decir, no es lo mismo que lo lean personas que necesitan resolver ese problema que les muestras en tu libro, a que lo lean personas que sí, les gusta cómo te explicas, pero la información que les ofreces en tu libro no es relevante para ellos por ahora.

Para que tu libro cumpla su objetivo. ¿Qué objetivo? Dos objetivos: El que te marcaste cuando definiste el motivo por el que estás escribiendo y el objetivo que debe lograr tu Lector Ideal una vez termine tu libro. Y eso, solo se consigue enfocando tu contenido directamente a tu Lector Ideal.

Si defines a tu Lector Ideal y escribes tus libros apuntando directamente a sus necesidades y resolviendo sus problemas, ten por seguro que esos Lectores Ideales se convertirán en Clientes fieles una vez terminen de leer tus libros, así que, es crucial que tengas definido a tu Lector Ideal con precisión láser.

¿Cómo definir a tu lector Ideal?

Esta es la pregunta del millón.

Peeeeero, ya sabes que mi intención es facilitarte la tarea, así que te voy a indicar paso por paso, lo que debes saber para definirlo. Por favor, anota los resultados en tu cuaderno de bitácora:

¿Quién es?

Edad:

Género:

Estado Civil:

Hijos:

Edad de los hijos:

Nivel académico:

Ciudad o País:

Nacionalidad:

¿A qué se dedica?

Profesión:

Gustos:

Hobbies:

Actividades:

Entretenimiento:

Su Comportamiento

Información, revistas:

Redes Sociales:

Libros:

Sitios web/blog:

Conferencias:

Mentores:

Nivel de finanzas:

Gastos:

Viajes:

Compras:

¿Qué le duele?

Qué es lo que no le deja dormir:

Qué es urgente:

Qué desea:

Logros a obtener:

Creencias

En qué cree:

Filosofía de vida:

Por qué hace lo que hace:

Objetivos

¿Cuál es el Objetivo Final de Tu Lector Ideal?
(Ponle emoción, como si ya hubiera conseguido el resultado):

"Mi Lector Ideal ha logrado..."

Obstáculos

Menciona los 3 Obstáculos que tu lector tendrá que superar para lograr su Objetivo Final. (Recuerda que tu lector tal vez no sepa de estos obstáculos):

Obstáculo 1:

Obstáculo 2:

Obstáculo 3:

Miedos

Enumera cuáles son los 10 miedos que le quitan el sueño a tu Lector Ideal. ¿Qué le mantiene despierto por la noche?

1.
2.
3.
4.

5.

6.

7.

8.

9.

10.

Como ves, debes hacer un análisis exhaustivo de tu Lector Ideal para enfocar directamente tus libros a sus problemas más urgentes.

Este análisis puede parecerte complicado de realizar, pero no lo es tanto.

Para rellenarlo, tan solo debes pensar en los clientes que han pasado o están pasando por tus procesos de coaching y responder a todo lo anterior, verás cómo te sale un Lector Ideal mucho más rápido.

Y una vez lo tengas, te falta definir algo que es básico...

En qué fase de conocimiento se encuentra.

Sí, porque no es lo mismo escribir para alguien que ya sabe de su problema, pero no conoce la solución, que escribir para alguien que no sabe ni que tiene un problema.

Así pues, una vez has definido a tu Lector Ideal, te toca saber en cual de estas fases de conocimiento está:

Fase 1. El Más Consciente

Tu Lector Ideal conoce tu producto o servicio, te conoce como profesional y sabe lo que hace, sabe que lo quiere. Tan solo necesita saber el trato o los términos.

Fase 2. Consciente del Producto

Tu Lector Ideal sabe lo que ofreces, pero no está convencido de que es para él.

Fase 3. Consciente de la Solución

Tu Lector Ideal sabe el resultado que quiere, pero no sabe que tu producto o servicio existe. No sabe de ti como profesional.

Fase 4. Consciente Del Problema

Tu Lector Ideal sabe que tiene un problema, pero no sabe que existe una solución.

Fase 5. Completamente Inconsciente

Tu Lector Ideal no sabe que tiene un problema o que existe una solución para el mismo.

El Lector Ideal más difícil.

¿Y qué debes hacer después de haber definido todo esto?

Grabarte los resultados obtenidos en tu mente. Sí, ya sé que los tienes en tu cuaderno de bitácora, pero es importante que tengas presente a tu Lector Ideal durante todo el proceso de escritura.

Para ello, un truco muy bueno que te recomiendo es que le pongas cara y nombre.

Asocia a tu Lector Ideal con la imagen de una persona (a poder ser conocida) y ponle nombre, así es mucho más sencillo de recordar a la hora de escribirle directamente a ese Lector Ideal.

Bueno, pues ha llegado la hora, ¿pensabas que te librabas?

Es momento de dejar de leer, tomar tu cuaderno de bitácora y ponerte a definir a tu Lector Ideal y en qué fase de conocimiento se encuentra.

Una vez lo tengas, regresa de nuevo aquí porque aún tienes que responderte una pregunta muy importante de cara a la escritura de tu libro.

Pero eso será una vez hayas hecho la tarea.

Te espero por aquí...

CAPÍTULO 5. ¿QUÉ LIBRO ESCRIBIR?

Y ahora me dirás: *"Uno con páginas".*

¡Claro que sí! Y si están escritas mejor, porque pueden estar en blanco (como en una agenda).

Fuera de bromas, hay 3 tipos principales de libro que puedes escribir y vas a definir cuál utilizas, en función de qué tema vayas a tocar, cómo lo vayas a tocar y cuál es el mejor formato para resolver el problema de tu Lector Ideal.

Por cierto, ¿pensabas que no te iba a preguntar?

¿Cómo te ha ido definiendo a tu Lector Ideal? Porque ya lo has hecho, ¿verdad?

No me gustaría que te hagas trampas, es importante que pares de leer y hagas las tareas cuando te las indico, para que cuando llegues a la parte de escribir tu libro, todo fluya como debe hacia el éxito del mismo.

Y como ves, cada tarea es fundamental para poder continuar con la siguiente. Como ahora, que debes definir el tipo de libro que vas a escribir y para ello tienes que conocer a tu Lector Ideal.

Pero volvamos al tema de este capítulo...

Como te he dicho, en el género de "No Ficción" hay 3 tipos diferentes de libro que puedes escribir:

Libro "Problema-Solución".

Libro en forma de "Lista".

Modelo "Híbrido".

Veamos en qué consiste cada uno de los modelos de libro, para que puedas tomar mejor tu decisión...

Libro "Problema-Solución"

El libro "Problema-Solución" es un libro que te va a permitir conectar con tus lectores desde el principio.

¿Por qué?

Porque ellos tienen un problema, tú les muestras la solución en tu libro, ellos la leen, la aplican y por fin solucionan ese problema que tienen desde hace mucho tiempo.

Esto te va a permitir empatizar con ellos y que te consideren su héroe, con lo cual, querrán seguir contigo, querrán seguir sabiendo de ti después de leer ese libro.

¿Por qué?

Porque tú les has solucionado un problema concreto en tu libro, pero ese problema concreto forma parte de un gran problema que todavía tienen y que van a querer solucionar. Y ahí entra en juego tu proceso de coaching porque, ¿a quién crees que van a contactar para que les ayude a solucionar ese gran problema?

Efectivamente, a ti, que les has demostrado que sabes de qué hablas y cómo ayudarles, gracias a tu libro.

Libro en forma de "Lista"

Estos libros tiene unas peculiaridades muy concretas.

Están formados por capítulos individuales.

¿Qué quiere decir esto?

Pues que no suelen estar relacionados entre sí, es decir, en cada capítulo vas a hablar de una cosa.

Suelen ser libros fáciles de seguir, ya que puedes leer un capítulo, dejar la lectura y continuarla después sin tener que recordar por dónde te quedaste.

Estos libros tienen un problema a la hora de escribirlos, que al ser capítulos individuales, tienes más riesgo de desviarte del objetivo final que quieres lograr, tanto para ti como para tu Lector Ideal, así que debes incidir todavía más en tener en mente a esta persona mientras le escribes el libro enfocado a ella.

Este tipo de libros se utiliza para cosas muy concretas, por ejemplo: libros de recetas, libros del tipo "10 claves para", etc.

Modelo "Híbrido"

Este es el modelo de libro que más me gusta personalmente y que suelo recomendar, tanto a los alumnos de mis talleres y cursos de escritura como a mis clientes de asesoría individualizada.

¿Y en qué consiste el "Modelo Híbrido"?

En escribir libros que plantean al lector un problema que quiere resolver y darle la solución en pequeños trocitos de información ofrecidos en capítulos individuales.

En cada uno de estos capítulos, le presentas un pequeño problema y le das la solución a ese pequeño problema y esa solución será un paso más que habrá avanzado tu Lector Ideal hacia la solución final del problema general que quiere resolver con tu libro.

Por ejemplo, si yo no sé atarme los cordones de los zapatos y me urge aprender y tú me escribes un libro sobre eso, al final de tu libro, mi objetivo de saber cómo atarme los cordones estará cumplido, pero la información me la vas a dar poco a poco.

El mini problema del primer capítulo sería "Cómo saber qué son los cordones" y la mini solución será que al final de ese capítulo ya sepa qué son los cordones, algo necesario para comenzar el siguiente capítulo en el que el mini problema sería "Cómo coger los cordones de la manera correcta para atarlos".

Y una vez resuelva este mini problema, ya tendré claro qué son los cordones y cómo cogerlos, así que estaré preparado para pasar a ver el mini problema del siguiente capítulo.

Y así, poco a poco, iré descubriendo mini soluciones a los mini problemas de cada capítulo que, cuando llegue al final del libro, me habrán dado la solución global al problema principal que quiero resolver con tu libro, cómo atarme los cordones de los zapatos.

Este tipo de libro es el que recomiendo por varios motivos:

Porque explican con detalle el trayecto que debe transitar el lector para resolver su problema con tu libro.

Porque, al ser mini problemas relacionados unos con otros, motivas al lector a seguir leyendo y sobre todo, a no saltarse ningún capítulo.

Y porque llevas al lector de la mano durante todo el proceso y esto hace que se sienta acompañado por ti en todo momento, lo cual es muy de agradecer en un libro.

Ha llegado el momento de que definas qué tipo de libro es el que te interesa más escribir.

Recuerda basarte en qué problema necesita resolver tu Lector Ideal y cuál es el formato que mejor te va a permitir explicarle la solución de manera que la aplique y resuelva dicho problema. Aquí también entrará en juego la fase de conocimiento de tu Lector Ideal.

Así pues, no te entretengo más.

Deja de leer un momento, toma tu cuaderno de bitácora, revisa las características de tu Lector Ideal y su fase de conocimiento, el problema que le quieres resolver y decide qué tipo de libro te conviene más para ello.

Una vez termines, aquí estaré esperándote para explicarte cómo empezar a escribir tu libro.

Sí, ya vas a ponerte manos a la obra, pero primero termina la tarea de este capítulo.

Nos vemos en un ratito.

CAPÍTULO 6. DEFINE LA RUTA

Una vez tienes claro clarinete Por Qué y Para Qué quieres escribir un libro, Sobre Qué vas a escribir, Qué está haciendo tu competencia y Cómo mejorarlo, A Quién le vas a escribir y Qué tipo de libro vas a utilizar para ello...

¡Ha llegado el momento de trazar la ruta que va a seguir tu Lector Ideal para resolver su problema con tu libro!

¿Y cómo lo vas a hacer?

Con algo muy simple que les enseño a mis alumnos en mi taller online "Deja Huella Con Tu Libro" y que yo denomino "Las Miguitas de Pan".

Espeeeeraaa, aún no te tires de los pelos intentando averiguar qué son las miguitas de pan, te explico...

¿Recuerdas el cuento de Hansel y Grettel?

Sí, ese que cuenta la historia de dos niños que para no perderse en el bosque van marcando el camino con miguitas de pan que se comieron los pajaritos y al intentar regresar a casa y no ver las miguitas de pan, se perdieron.

Pues bien, estas miguitas de pan que vas a utilizar ahora es básicamente para lo mismo, para marcar el camino, pero no de regreso a casa sino el camino que debe recorrer tu Lector Ideal a través de tu libro para llegar a su objetivo.

Jajajajaja, me estoy imaginando tu cara al leer esto y no, no es lo que piensas, he comido con agua.

Esta ha sido una analogía para explicarte lo de las miguitas de pan, pero el resumen es...

Las miguitas de pan son los pasos que le vas a hacer dar a tu Lector Ideal a lo largo de tu libro, para que pase del punto A (en el que está ahora mismo) al punto B (donde quiere llegar, resolver su problema).

¿A que ahora ya está mucho más claro?

Pues ha llegado el momento de que te explique un poco mejor cómo debes ir tirando las miguitas de pan para que no se pierda tu Lector Ideal.

¿Cómo utilizar las miguitas de pan?

En primer lugar, debes tomar tu cuaderno de bitácora y revisar qué problema decidiste ayudar a resolver a tu Lector Ideal con tu libro.

¿Ya lo tienes?

Perfecto.

Pues ahora, aprovechando que ya tienes tu cuaderno de bitácora abierto, vas a hacer un dibujo como este:

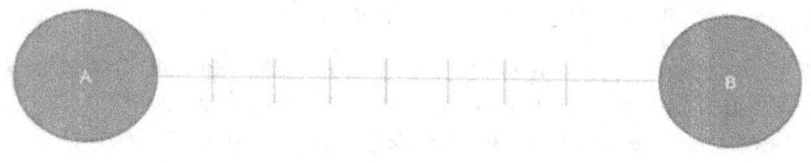

Lo siguiente es escribir en el círculo de la izquierda el Punto A desde donde inicia tu Lector Ideal a leer tu libro, es decir, el problema que tiene y desea resolver.

A continuación, vas a hacer lo mismo en el círculo de la derecha, que será el Punto B al que le has llevado con tu libro una vez lo termine de leer, o lo que es lo mismo, la solución a su problema.

Hasta aquí todo claro, ¿verdad?

Pues ahora que has definido de dónde parte y adónde llega, es momento de que indiques cada uno de los pasos que le vas a hacer dar a lo largo de tu libro (las miguitas de pan) y para ello, vas a escribirlos en las rayitas que has marcado entre el círculo A y el B.

Aunque debes aclarar bastante el camino, ten en cuenta que esto es el esquema base de tu libro, por lo tanto, no te entretengas buscando títulos impactantes ni nada de eso, simplemente define los pasos.

Te pongo un ejemplo de cómo lo hago yo, utilizando el tema de escribir un libro sobre "Cómo atarte los Cordones" que nombré en el capítulo anterior:

Punto A: No sabe atarse los cordones.

Miguita 1: Decirle lo que son los cordones.

Miguita 2: Tipos de cordones y materiales de los que están hechos y que pueden facilitar o complicar la tarea de atarlos.

Miguita 3: Cómo coger los cordones para atarlos sin complicación.

Miguita 4: Cómo hacer un lazo simple.

Miguita 5: Cómo asegurar ese lazo con el doble nudo.

Miguita 6: Conclusión. En este capítulo voy a hacer un breve resumen de dónde estaba al inicio del libro y dónde está ahora con respecto a su problema y luego le voy a ofrecer mi curso sobre cómo atarse los cordones según la actividad que realices.

Punto B: Sabe atarse los cordones perfectamente.

Aclaración: Como ves, solo he marcado 6 miguitas de pan, aunque he puesto 7 rayitas en la imagen. Esta cantidad de rayas en la imagen es solo para que te hagas una idea de cómo debes hacerlo, pero tú puedes poner las que te hagan falta, ya sean menos o más.

En cuanto hayas terminado de hacer este ejercicio, vas a ver plasmado en papel lo que va a ser la base de tu libro y vas a tener mucho más claro cómo vas a ir acompañando a tu Lector Ideal para que logre resolver su problema gracias a tu libro.

Una cosita más...

Recuerda que mientras hagas este ejercicio, debes tener siempre en mente el objetivo (motivación) que te marcaste lograr con este libro, para enfocar cada uno de los pasos a ese objetivo.

En las miguitas de pan que te he dado como ejemplo, mi objetivo final es que aprendan conmigo a atarse los cordones de los zapatos para luego ofrecerles mi curso especializado en nudos según la actividad que realice.

¿A que ya lo tienes claro clarinete?

Bien, pues antes de seguir con la lectura, me gustaría que hicieses una pausa y marcases en tu cuaderno de bitácora las miguitas de pan con las que vas a trazar la ruta a seguir por parte de tu Lector Ideal.

Una vez lo tengas, regresa aquí porque te estaré esperando para darte unas recomendaciones que potenciarán aún más lo que estás a punto de crear.

Pero primero, ya sabes, pausa en la lectura y a echar tus miguitas de pan.

¿Ya has trazado la ruta con tus miguitas de pan?

¡Excelente!

¿A que no ha sido complicado?

Pues ahora que has trazado la ruta, que has marcado el camino que va a recorrer tu Lector Ideal, ¿qué te parece si transformas ese camino en una autopista para que avance de una manera mucho más rápida y sencilla hacia su objetivo?

Pues vamos allá...

Convierte el camino en una autopista

Esta tarea tiene dos funciones principales a cumplir:

>**Facilitar el trayecto de A hasta B a tu Lector Ideal** para que se enamore de ti y quiera saber qué tienes para él después de leer el libro.

>**Facilitarte la tarea de escribir tu libro**, hasta el punto que se convierta en "rellenar los espacios en blanco".

No tienes que elegir entre una u otra, porque con las indicaciones que te voy a dar a continuación, vas a lograr las dos a la vez.

¿Te apetece?

¡Genial!

Cómo convertir el camino en autopista

Vas a tomar el esquema básico que acabas de hacer, porque lo has hecho, ¿verdad?

Si no es así, para de leer y ponte a ello porque lo necesitas para hacer estos pasos.

Bien, como te decía, vas a tomar el esquema básico y lo vas a trasladar en tu cuaderno de bitácora a formato lista, más o menos así:

Punto A:

Miguita 1:

Miguita 2:

Miguita 3:

Miguita 4:

Miguita 5:

Miguita 6:

Miguita 7:

Punto B:

Cosas a tener en mente:

Objetivo que quiero lograr con el libro:

Mi Lector Ideal:

Deja un espacio en blanco de varias líneas entre miguita y miguita, porque ahí es donde vas a incluir las miguitas más pequeñas, es decir, los capítulos.

Así es, ahora ha llegado el momento de que deshagas un poco más esas miguitas de pan y estos trocitos van a ser los capítulos que necesitas para explicar mucho más sencilla y detalladamente el proceso de cada paso a tu Lector Ideal.

Adicionalmente, puedes seguir deshaciendo las miguitas de los capítulos para crear los subcapítulos y las secciones.

Ves haciendo este ejercicio paso por paso, miguita por miguita y luego vuelves aquí porque tengo algo muy importante que decirte.

Tómate tu tiempo, yo te espero aquí.

¿Qué tal? ¿A que ha sido bastante sencillo?

Pues bien, ahora quiero que tomes tu cuaderno de bitácora, leas todo lo que acabas de escribir y seas consciente de que...

¡Acabas de crear el Índice de tu Libro!

Así es, ese es el Índice que va a marcar el recorrido de tu Lector Ideal a través de tu libro para llegar a resolver su problema, de manera que se enamore de tu forma de ayudarle, por lo tanto, ya estás más cerca de hacer que se convierta en un cliente de tus servicios de coaching.

Objetivo número 1 de esta tarea cumplido.

¿Y qué hay del objetivo número 2, del objetivo de que a la hora de escribir te sea tan sencillo como rellenar los espacios en blanco?

Dímelo tú...

Vuelve a leer el Índice que acabas de crear y dime si cuando empieces a escribir el contenido, vas a tener claro qué va en cada capítulo, subcapítulo o sección...

Pues ale... ¡Objetivo número 2 cumplido!

Una cosita más antes de terminar este capítulo...

Este índice que has creado y que va a ser tu mapa a lo largo de todo el proceso de escritura, está vivo.

¿Qué quiero decir con esto?

Pues que, aunque sé que te has enamorado de él y de lo bien que te ha quedado, puede que durante el proceso de escritura necesites dividir un capítulo en dos o juntar dos capítulos en uno o crear más subcapítulos o secciones para explicar más detalladamente el proceso...

Mi recomendación es que lo hagas.

Sí, así es... ¡Hazlo y no mires atrás!

Si sientes que lo necesitas es porque tu libro lo pide y si dejas de hacer estas modificaciones porque te gusta mucho cómo te ha quedado el índice, puede que tu Lector Ideal eche en falta estos cambios a la hora de leer tu libro.

Así pues, si la escritura lo pide, hazle caso a la escritura, ¿de acuerdo?

CAPÍTULO 7. HAZ SENTIRSE CÓMODO A TU LECTOR IDEAL

¡Y por fin ha llegado el gran momento...!

¡Es hora de escribir tu libro!

Así que ponte a ello y pasa después al siguiente capítulo.

¡Que noooo! ¡Es broma!

Antes de que te lances a desgastar las teclas de tu ordenador, quiero darte una serie de recomendaciones para que apliques en tu escritura y que van a hacer sentirse cómodo a tu Lector Ideal a lo largo de todo el libro.

Estas recomendaciones son tan potentes que a mis alumnos de "Deja Huella Con Tu Libro" y clientes de mi asesoría individualizada han llegado a decirles cosas como:

"No sé que tiene este libro, pero no es como los demás."

"Es la primera vez que un libro me engancha tanto, que lo he leído de un tirón porque no podía parar."

"¡Wow, increíble! Tu libro está escrito de manera que, en lugar de estar leyéndolo, parece que me lo estás contando tú. ¡Mil Gracias!"

Dime, ¿te gustaría que te dijeran cosas así una vez lean tu libro?

Pues tan solo tienes que aplicar estos sencillos tips que te voy a dar:

Dales 10 veces más de lo que esperan

Esto es clave para potenciar el efecto de empatía con tu Lector Ideal.

¿Y qué significa darles 10 veces más de lo que esperan?

Pues que si compran un libro para aprender a atarse los cordones de los zapatos y yo, no solo les enseño a atarse los cordones, sino que además les doy tips para hacerlo de manera más rápida y les hablo de las dificultades que se encontrarán dependiendo del material de los cordones, se habrán encontrado con un contenido extra por el que no han pagado.

¿Resultado?

Agradecimiento hacia mí por darles más de lo que prometía con mi libro y esto implica que se genera en ellos un sentimiento de reciprocidad que les hace sentir que están en deuda conmigo.

Así que, dime...

¿Cómo crees que van a reaccionar cuando les ofrezcas tus servicios de coaching al final del libro, si no solo conocen la solución a su problema, sino que además les has dado contenido extra de Altísimo Valor?

¿Cómo crees que van a reaccionar teniendo en cuenta que se ha generado en ellos ese sentido de reciprocidad que les hace estar en deuda contigo?

¿Cómo crees que va a ser el nivel de empatía que has generado con tus lectores gracias a tu libro?

Evita meter paja en tu libro, solamente contenido de valor puro y duro.

Escribe contenido enfocado en sus necesidades

Sí, ya sé que me repito más que el ajo, pero es que quiero que esto se te grabe a fuego en tu mente, sobre todo, a la hora de escribir.

Todo, absolutamente todo el contenido de tu libro debe estar enfocado en resolver ese problema que definiste y les haga llegar al punto B que también definiste. Solo así lograrás escribir contenido enfocado en sus necesidades y harás que tu Lector Ideal sienta que ese libro está escrito exclusivamente para él.

Ah, y recuerda escribir con tu Lector Ideal siempre en mente y no perder de vista el Objetivo a lograr con tu libro.

Coherencia del contenido con el título y el subtítulo

¡Cumple siempre tu promesa formativa!

Esto es básico para que tu Lector Ideal sienta que es lo que buscaba, si no, puede sentirse incluso estafado.

Esto, que te puede parecer una exageración, no lo es en absoluto. He visto libros en Amazon con revisiones negativas del tipo:

"Promete mucho en el título, pero dentro habla de otra cosa. Decepcionante."

¿Te gustaría recibir una revisión así para tu libro?

Te aseguro que es real. Hay más, pero no quiero meterte miedo sin fundamento porque tú no las vas a tener.

¿Por qué?

Porque vas a respetar la promesa formativa que haces en el título y el subtítulo de tu libro, ya que tu contenido está enfocado en el objetivo de resolver el problema de tu Lector Ideal, que es lo que prometes con tu título y subtítulo.

Aun así, te recomiendo que pongas especial atención a esto a la hora de generar el título y subtítulo de tu libro, no queremos que prometas cómo atarse los cordones de los zapatos y luego hables del proceso de fabricación de un zapato.

Procura innovar (nueva visión)

Ojo, no te estoy hablando de que tengas que reinventar el hilo negro, te estoy hablando de que no cometas el error que cometen muchos autores al escribir tu libro...

¡Hablan del mismo tema y con las mismas palabras!

¿Significa esto que copian y pegan?

No necesariamente.

Simplemente cuentan lo mismo que otros y con el mismo estilo, lo que hace tener a los lectores la sensación de que eso es "más de lo mismo" y "ya lo leyeron en otro sitio", lo que no es nada bueno ni para el libro ni para su autor.

Estoy de acuerdo en que temas no hay tantos, pero sí que puedes ofrecer la información en tu libro, contándola desde tu punto de vista personal e intransferible.

Es decir, en lugar de dar una técnica que pueden encontrar buscando en Internet, puedes contar tu experiencia al conocer y aplicar esa técnica, la veracidad que te ofrece al ponerla en práctica con tus clientes, hasta qué punto la recomiendas...

¿Me explico?

Siempre y cuando des la información desde tu punto de vista, tus propias experiencias y con tus propias palabras, claro que estarás tocando el mismo tema que otros, pero nunca habrán leído algo igual porque lo estás haciendo desde tu propia visión.

Para evitar incurrir en este error de repetir lo mismo que otros, además de dar tu propia visión personal, te puedes basar en la información que recopilaste en tu cuaderno de bitácora sobre lo que estaba haciendo tu competencia.

¿Te das cuenta de lo mucho que importa hacer un buen trabajo previo como el que has hecho antes de llegar hasta aquí?

Escribe para que te entiendan

Esto es básico, y más a la hora de escribir un libro que te haga ver como coach.

¿Te imaginas que empezaran a leer tu libro y a ti te hubiera dado por "hacerte el experto" escribiendo tecnicismos y palabras raras que no entiendes ni tú?

¿Qué crees que pasaría? ¿Resolverían su problema gracias a tu libro o se aburrirían y lo abandonarían a la mitad si llega, para irse a buscar la solución con otro?

Para evitar esto, yo siempre digo que:

"No te hagas el experto, Sé el experto"

¿Y qué significa esto?

Pues que, bajo mi punto de vista, un experto es aquel que explica algo de manera que las personas lo leen, lo aplican y les funciona, mientras que el que "se hace el experto" es aquel que escribe con palabras "rarunas" que no se entienden y que se piensa que es más importante por hacerlo así.

Por lo tanto, escribe para que te entiendan.

Se trata de que sepan resolver su problema gracias a tu libro para que luego cuenten contigo como coach favorito, ¿no?

Pues escríbeles tal cual hablas, tal cual te explicas con un cliente de coaching, traslada esas mismas palabras al papel y estarás mostrando en tu libro lo bien que lo haces en tus sesiones de coaching. En otras palabras...

¡Te estarás haciendo ver como Coach!

Escribe el libro en segunda persona

Esto es básico para que tu Lector Ideal tenga la sensación de que tu libro está escrito única y exclusivamente pensando en él.

No es lo mismo que yo te esté escribiendo a ti, que si os lo hubiera escrito a vosotros, los coaches, ¿me explico?

Además, esto de hablar en plural al lector, ya no es que le quita personalización al libro, sino que carece de sentido porque, a la hora de leer tu libro, solamente habrá una persona recibiendo tus palabras, por lo tanto, ¿por qué dirigirte a varios si solo estáis en ese momento tu Lector Ideal y tú?

Hazles cómoda la lectura

Ponte en situación por un momento...

Estás leyendo un libro, pasas la página y... ¡Sorpresa! Te encuentras con un párrafo más largo que un adelantamiento entre camiones.

¿Qué es lo que va a hacer tu cerebro en ese momento?

Lo primero es pensar: *"Bufff, qué pereza, ¿me lo salto o no?"*

Y si decides no saltártelo, te aseguro que no te vas a quedar ni con la mitad de lo que leas, pues inconscientemente estarás leyendo mientras piensas cuándo terminará ese enorme amasijo de letras, con lo cual, no se estará cumpliendo el objetivo del autor de darte la información que necesitas.

¿De verdad quieres que eso pase con tu libro?

Pues entonces, a la hora de escribir, recuerda siempre estas dos premisas:

Párrafos cortos.

Una idea por párrafo.

Es decir, si tienes 6 ideas muy importantes que decirle a tu lector Ideal, en lugar de juntarlas todas en el mismo párrafo, escribe 6 párrafos de entre 4 y 6 líneas como máximo e incluye una idea por párrafo.

Así lograrás que no le dé pereza leerlos, que su cerebro respire en esos huecos que hay entre párrafo y párrafo y que se queden con las ideas importantes porque son mucho más sencillas de asimilar.

Simple, pero efectivo.

Aplica el humor siempre que puedas

Ojo, no te estoy diciendo que debas escribir un libro de chistes ni nada por el estilo. Simplemente quiero que seas consciente del enorme poder que tiene el humor y lo apliques en tus libros.

Esto lo saben muy bien las empresas publicitarias y por eso, si ahora mismo hicieras una pausa en la lectura y recordaras los 10 primeros anuncios que te vinieran a la mente, te darías cuentas de que como mínimo 8 te hicieron sonreír e incluso reír.

Por eso, te recomiendo que incluyas el humor en tus libros, al igual que lo haces en tus procesos de coaching con tus clientes. ¿O me vas a negar que hay veces en las que os reís y todo fluye mucho mejor?

Si te fijas, yo de vez en cuando estoy haciéndolo en este libro. Sin ir más lejos, en el punto anterior, en lugar de decir: "Te encuentras un párrafo larguísimo", dije "Te encuentras con un párrafo más largo que un adelantamiento entre camiones."

¿Por qué lo he hecho?

Porque sé que te ha arrancado una sonrisa y esto ha generado que tu cerebro acepte ese dato de no incluir párrafos largos como algo agradable y por lo tanto, lo vas a recordar siempre.

Y porque sé que cuando vayas conduciendo y delante de ti se pongan a adelantarse dos camiones, vas a acordarte de mí y de este libro y eso es algo que cuando pase en la mente de tu Lector Ideal por algo gracioso que pusiste en tu libro y que sucede en la vida real, te tendrán en su mente como su experto número 1.

IMPORTANTE: No abuses, emplea el humor siempre cuando y donde toca. No hay nada peor es un gracioso sin gracia y eso no es lo que quieres ser tú, ¿verdad?

¿Y cuándo y dónde toca?

Cuando releas tu libro, te darás cuenta de lo que te pide el cuerpo.

Utiliza trucos para que sigan leyendo

Esto es algo con lo que literalmente alucinan mis alumnos de "Deja Huella Con Tu Libro" cuando lo descubren y es una de las potentes herramientas que hacen que sus libros enganchen a los lectores, como te he mostrado en las revisiones que les ponen.

Uno de los trucos más potentes que puedes utilizar es el "Efecto Zeigarnik" que consiste en dejar cosas incompletas.

Esto lo has "sufrido" en tus propias carnes cuando estás viendo tu serie favorita y en lo mejor del capítulo, se acaba y te pone "Continuará..."

¿Qué pasa en ese momento?

Que vives contando los días que faltan para saber qué es lo que sigue, cómo termina esa escena importante, lo que sea que te hayan dejado a medias...

Tú lo puedes hacer igualmente en tus libros. Un secretillo, en este libro lo he hecho.

¿Cuándo?

¿Te suena la frase "más adelante te hablaré de ello"? Pues hay más de una.

¿Qué logras con esto?

Dejar una información incompleta que, aunque el lector está leyendo otro capítulo y absorbiendo toda la información que en él le das, inconscientemente está deseando llegar al capítulo en el que le completes esa información que dejaste a medias.

¿Qué quieres? Es puro comportamiento humano.

Así que utiliza este truco sí o sí.

También puedes utilizar conectores entre capítulos para que no haya esa sensación de que algo ha terminado y comienza otra cosa, sino que sientan que todo el contenido está relacionado entre sí. Y efectivamente, también lo estoy utilizando en este libro.

Rompe el ritmo de su cerebro con preguntas.

¿Por qué?

Porque nuestro cerebro tiende a ponerse en velocidad de crucero cuando lleva un rato haciendo las misma tarea, así que, si de vez en cuando les haces pensar con una pregunta o como mínimo les rompes ese ritmo de velocidad crucero, lograrás que su cerebro se resetee para recibir la información siguiente como si empezara ciclo y esto hace que no se cansen de leer.

¿Te das cuenta?

Además de esto, puedes usar conectores y disparadores de atención basados en las técnicas de copywriting. En "Deja Huella Con Tu Libro" les doy a mis alumnos una lista con 174 conectores y disparadores de atención, que hacen que sus libros marquen la diferencia.

En definitiva, si empleas todas estas recomendaciones a la hora de escribir tus libros, no solo vas a hacer que se enganchen a la lectura de tu libro, no solo vas a hacer que se enamoren de tu manera de explicar la solución a su problema, no solo vas a hacer que aprendan mientras se divierten y disfrutan...

¡También los vas a dejar con ganas de saber más de ti cuando terminen de leer tu libro!

¿Y sabes qué significa esto?

Que harán clic en los links que les muestres.

Que te contactarán para saber más de tus sesiones de coaching.

Que comprarán lo que tengas para ellos.

O lo que es lo mismo...

¡Que tu cartera de clientes crecerá!

Y este capítulo también tiene tarea, ya pensabas que no, ¿eh?

Eso sí, esta tarea es para cuando termines de leerlo del todo y comiences con la escritura del tuyo.

Y la tarea es detectar todo lo que te acabo de mostrar y que llevo empleando en este libro desde el principio.

¿A que desde el inicio detectaste que este libro tenía algo diferente?

Pues ahora que ya sabes de qué se trata, es tarea tuya detectar cómo y dónde he ido empleando todos estos trucos, para utilizarlos de ejemplo a la hora de aplicarlos en tu libro.

Pero eso será cuando termines de leer este libro porque no quiero que pierdas tu atención, ya que estoy a punto de mostrarte algo que debes hacer a lo largo de tu libro si quieres convertir a tus Lectores Ideales en Clientes Fieles gracias a tu libro.

Y ese "algo" es...

CAPÍTULO 8. LA VENTA INVISIBLE

Esta es la clave para lograr convertir a tus Lectores Ideales en Clientes Fieles gracias a tu libro.

¿Y en qué consiste la Venta Invisible?

Pues en eso mismo, en ir vendiendo tu valía como coach, en ir vendiendo tu conocimiento y capacidad para ayudarles y en ir vendiendo tus servicios de coaching o cualquier otro servicio o producto que tengas para ofrecerles, a lo largo de todo el contenido del libro.

¿Cómo hacer la Venta Invisible?

Hay ciertas técnicas que puedes ir implementando a lo largo del libro y que van a ir implantando en el subconsciente de tu Lector Ideal la idea de que eres la única persona que realmente le puede ayudar. Y eso lo va a ir asimilando durante la lectura de tu libro.

Eso sí, no se va a dar cuenta de ello porque lo vas a hacer de manera natural, sin forzar las cosas.

No se trata de decirles: *"Mira lo bien que lo hago y lo mucho que te puedo ayudar… ¡Cómprame!"*

No.

Se trata de hacer que tu Lector Ideal se sienta cómodo durante la lectura de tu libro.

Se trata de que sientan tu acompañamiento a lo largo del libro y que noten que estás ahí en todo momento.

Se trata de que tenga la sensación de que está ante un libro "fuera de lo normal", ante un libro que tiene algo que "no sé qué es".

Y esto lo vas a ir logrando si implementas los trucos y técnicas del capítulo anterior.

¿Y qué beneficio te va a traer que sienta todas estas cosas mientras aprende a resolver su problema gracias a tu libro?

Que cuando llegue al final, tenga una sensación de felicidad y bienestar por haber resuelto el problema de una manera tan simple, clara y agradable, que no dude en querer saber más de ti.

Pero aún hay más...

Estamos hablando de que tu libro tiene que vender tus servicios de coaching, por lo tanto, en él debes hacerle lo que yo llamo "un coaching encubierto". Es decir, le vas a dar un acompañamiento a lo largo del libro, tal cual lo harías con un cliente físicamente.

Para ello, te va a venir muy bien poner tareas y ejercicios cada cierto tiempo. Así les haces ver que no se trata de leer y ya, sino que estás teniendo un grado de implicación en su progreso y de paso, estos ejercicios les van a hacer tomar conciencia de en qué punto de su avance están.

¿Qué ejercicios les pondrás?

Ahí entra en juego tu manera de trabajar como coach, solo tú puedes saber qué debes hacerle trabajar en todo momento. Eso sí, recuerda enfocar siempre los ejercicios hacia el objetivo final de tu Lector Ideal.

Si lo haces bien, cosa que no dudo ni un momento, a la vez que aterrizan todo el aprendizaje adquirido hasta entonces con tu libro, su percepción de que eres su única opción para seguir ayudándoles al final del libro aumentará. En otras palabras, tu estatus de autoridad crecerá como la espuma.

Y por último, recuerda que debes sembrar a lo largo de todo el libro.

¿Y qué vas a sembrar?

Arroz no, desde luego, se pondrían perdidos con el agua y la tierra.

Debes ir sembrando tu autoridad como coach, debes ir sembrando que das sesiones, que tienes cursos, que das conferencias, que haces eventos presenciales... ¡Lo que sea que quieras ofrecerles al final del libro!

¿Cómo hacerlo?

Es muy simple...

Cada vez que des un ejemplo de una técnica que apliques con tus clientes, dilo.

Cada vez que les pongas un ejercicio que hagas en tus sesiones, dilo.

Cada vez que des alguna información que sabes que les va a volar la cabeza y que aplicas en alguna de tus tareas como coach, dilo.

Esto te hará ganar mucha credibilidad con respecto a ellos porque lo van a aplicar y verán resultados palpables, porque van a ver prueba social porque les estás diciendo que tus clientes lo aplican y les funciona.

Y lo más importante, va a generar en su mente un deseo inconsciente de conocer más de todos esos servicios de coaching, conferencias, cursos, eventos presenciales o lo que sea que les estás nombrando.

¿Y qué sucederá con ese deseo inconsciente?

¡Que va a ser el detonador que les hará comprar lo que tengas para ofrecerles al final del libro!

¿Ves qué simple es hacer la Venta Invisible?

Solamente tienes que ir acompañándoles a lo largo de su lectura, hacerles aterrizar el conocimiento adquirido cada cierto tiempo y sembrar durante todo el libro para recolectar al final.

Ah, una cosa muy importante que debes recordar siempre es que ya sacaron su cartera para comprar tu libro, da igual que fuera la versión digital y costase 2,99€ o la versión en papel y el precio fuese de 15€, el caso es que lo compraron.

Por lo tanto, si han comprado tu libro, significa que son TUS CLIENTES, así que cuídalos muy bien porque ya sabes que un cliente es más propenso a comprarte lo que le ofrezcas, que una persona que no te conoce de nada.

Y además, como vas a aplicar todo cuanto has aprendido y llevado a cabo en este libro, van a ser clientes que han resuelto su problema gracias a ti, por lo tanto, habrán desarrollado el sentido de reciprocidad y se sentirán en deuda contigo.

Así que, por favor, aplica la Venta Invisible y verás cómo los resultados no se van a hacer esperar.

¡Ya casi lo tienes!

Has hecho todo el trabajo previo en tu cuaderno de bitácora, ya sabes cómo hacer que se sientan cómodos mientras aprenden con tu libro y ya tienes más que claro que debes hacer la Venta Invisible...

En otras palabras, has dejado la pelota botando a un metro de la portería y con el portero en el suelo. ¿Qué es lo que te falta?

¡Exacto! Empujar la pelota para marcar el gol.

Y eso lo vas a lograr en el último capítulo de tu libro.

En el capítulo al que yo llamo "El Momento Cumbre".

CAPÍTULO 9. EL MOMENTO CUMBRE

¿Por qué llamo a este capítulo "El Momento Cumbre"?

Porque es donde vas a recolectar los frutos de tu trabajo a lo largo de todo el libro.

Si tu libro es soso, aburrido, insulso y no tiene nada que ver con la solución al problema que tienen tus lectores, vas a recolectar indiferencia.

Sí, sé que suena duro, pero es así.

Ahora bien, como es no va a ser tu caso, como tú has sido la persona más aplicada del mundo mundial y has cumplido al pie de la letra con todas las tareas que te he encomendado en este libro y has aplicado hasta el milímetro todos los consejos que te he dado...

¡Prepárate a cosechar éxitos!

Para, para...

Antes de que te pongas a dar saltos de alegría, tendré que explicarte cómo lo tienes que hacer, ¿no?

Pues allá voy...

Este capítulo al que llamo "El Momento Cumbre", no es ni más ni menos que el capítulo de Conclusión de tu libro.

En este capítulo les vas a hacer ser conscientes de todo lo que han logrado gracias a tu libro y una vez estén alucinando con los resultados que tú, con tu libro, les has hecho obtener para resolver "ese" problema que les agobiaba desde hace tiempo, es justo el momento en que les vas a ofrecer tu ayuda para seguir resolviendo su problema global.

Este es el resumen de lo que vas a hacer en este capítulo de conclusión, pero ya sabes que a mí me gusta desmigar mucho más la información para que la asimiles mejor, así que vamos por partes...

Muéstrales todo lo que han logrado

Debes comenzar este capítulo hablándoles de que están llegando al final del libro y de que es momento de hacer balance para que vean de dónde partieron al comenzar el libro y dónde están ahora que han llegado al final.

¿Cómo vas a hacer que tomen conciencia de ello?

Muy sencillo.

Vas a hacer un breve resumen de los tips más importantes que les has ido dando a lo largo del libro y haciéndoles ver en qué les han ayudado.

También vas a recordarles los ejercicios que les pusiste y que ya deben haber hecho a estas alturas de libro, para que se den cuenta de lo mucho y bien que han trabajado.

Y por último, debes decirles que todo lo que han aprendido a lo largo de tu libro va a ser tiempo perdido si no lo ponen en práctica, o lo que es lo mismo, debes animarles a tomar acción.

De esta manera vas a lograr dos cosas:

Refrescarles la memoria y repasar conceptos con tus Lectores Ideales.

Aumentar, aún más si cabe, **tu posicionamiento como autoridad** y como única opción para ayudarles con sus problemas.

Y esto último, es lo que vas a reforzar en la siguiente parte de este capítulo de conclusión.

Ofréceles tu ayuda sincera

O lo que es lo mismo, ha llegado el momento de poner ante sus ojos todo aquello que has ido nombrando durante la siembra a lo largo del libro.

Lo primero es decirles que te ha encantado ayudarles y que te gustaría seguir haciéndolo.

Y para ello, les vas a mostrar tu correo electrónico y los links a las distintas redes sociales y webs que quieras promocionar.

Y después, llega el momento que más me gusta, el momento WOW.

Aquí les vas a dar algún tipo de bono o regalo que no se esperaban y que aún complementa más su aprendizaje.

¿Para qué ofrecerle este bono o regalo?

Para enviarlos a una página de captura y recopilar sus datos (como mínimo, su dirección de correo electrónico) y así vas a obtener una lista de clientes altamente interesados en tu tema y que ya saben lo bien que lo haces y lo mucho que les puedes ayudar, a la que puedes enviar regularmente correos con información para que no se olviden de ti, ofertas de productos o servicios y por supuesto, el enlace de venta de tus próximos libros.

Créeme cuando te digo que una lista de clientes es Oro Puro.

¿Y qué pasa si no haces email marketing en tu negocio?

Pues lo primero es decirte que deberías planteártelo, pero aun así, puedes ofrecerles los productos o servicios que sepas que les van a servir de ayuda para seguir avanzando en resolver su problema.

No todos van a comprarte así de primeras, evidentemente, pero te aseguro que si has hecho bien tu trabajo de siembra a lo largo del libro, un gran porcentaje seguirá la ruta que le marques.

En definitiva, con este capítulo debes rematar la faena y debes convertir a tu libro en la primera pieza de tu embudo de marketing, en el escaparate donde les muestras tu valía y tu conocimiento como coach y donde les haces ver que eres a quien han estado buscando desde hace mucho tiempo.

Así pues, no desaproveches el altísimo potencial de este capítulo de conclusión y mete el gol por toda la escuadra.

CONCLUSIÓN

Bueeenooo...

Pues como bien sabes, porque te lo he ido diciendo a lo largo de este libro, yo también aplico en mis libros todas y cada una de las herramientas, técnicas y consejos que te he ido dando. Así pues, aquí está el capítulo de conclusión.

Y ha llegado el momento también de que mires hacia atrás. De que pienses en cómo estabas antes de comenzar a leer este libro y en qué disposición estás ahora para escribir libros que vendan tu coaching por ti y aumenten tu cartera de clientes.

¿Te das cuenta de todo cuanto has aprendido a lo largo de este libro?

¿Te das cuenta del enorme valor de la información que has recopilado en tu cuaderno de bitácora?

¿Te das cuenta de que estás en posesión de un método probado y eficaz para escribir todos los libros que quieras y obtener los resultados que deseas una y otra vez?

Sí, ya sé, de nada...

Ya sabes cómo evitarte el mal trago de escribir para nadie y haber perdido el tiempo.

Ya sabes cómo definir la motivación y el objetivo que quieres lograr en cada libro.

Ya sabes cómo hacer una radiografía completa de a quién le vas a escribir.

Tienes en tu poder la manera de saber qué funciona y qué no en los libros de tu competencia y así poder superarlos con tu libro.

Conoces los 3 tipos de libros que puedes escribir y cómo saber cuál es el que más se adapta a cómo quieres resolver el problema de tu Lector Ideal.

Cuentas con la capacidad de diseñar un índice de tu libro tan detallado, que escribir te va a resultar tan sencillo como rellenar espacios en blanco.

Tienes las técnicas y los trucos más poderosos que enseño en mi taller "Deja Huella Con Tu Libro" para hacer sentirse cómodo a tu Lector Ideal a lo largo del libro y que se enganche a la lectura hasta el final.

Sabes qué es la Venta Invisible y cómo ir haciéndosela a tu Lector Ideal de manera natural a lo largo de toda la lectura.

Y por último, ya conoces cómo rematar la faena.

Así pues, dime...

¿Vas a dejar que toda esta información de altísimo valor caiga en saco roto o por el contrario, la vas a poner en práctica desde ya?

Si has tenido la disciplina de ir haciendo los ejercicios y recopilando la información que te pedí en cada capítulo, te aseguro que terminar de leer este libro y comenzar a escribir el tuyo, es todo uno, así que manos a la obra.

Por mi parte, simplemente decirte gracias.

Gracias por confiar en mí adquiriendo este libro.

Gracias por compartir conmigo todo este pedazo de tu mayor tesoro, tu tiempo.

Y gracias porque sé que vas a escribir un pedazo de librazo que va a hacer que mi trabajo haya valido la pena.

Por eso y por mucho más, gracias, gracias y gracias.

Y por supuesto, no me quiero despedir sin ofrecerte mi ayuda para todo lo que necesites durante el proceso de escritura y publicación de tu libro. Me puedes contactar en:

Mi correo electrónico: info@escritoyhecho.com

Mi web: http://www.escritoyhecho.com/

En Facebook: https://www.facebook.com/escritoyhecho/

Ah, y claro está...

¡También tengo un regalazo para ti!

Te lo dejo a continuación, en el capítulo de Recursos.

Brindo por tus Éxitos y espero ver muy pronto en mis manos ese pedazo de librazo que vas a escribir.

Abrazotes Fuertotes.

Sento Lorente

RECURSOS

¡Aquí tienes mi regalo!

¡Convierte tus libros en Máquinas de Promoción Perfectas!

En esta MasterClass vas a descubrir el Método de 2 Pasos para atraer personas hacia tu libro, convencerlos de que sean tus lectores y convertirlos en clientes...

Este es tu acceso exclusivo:

https://www.facebook.com/groups/haztevercomocoach/

Otros Recursos de Interés

Edición y Corrección de Textos Profesional

https://www.escritoyhecho.com/edicion-de-textos/

Sesiones de Asesoría Personalizada sobre Escritura de Libros

https://www.escritoyhecho.com/consultoria-por-horas/

Cursos y Talleres de Escritura

https://www.escritoyhecho.com/cursos-y-talleres-de-escritura/

Otros libros del Autor

Este es link de acceso al libro:

https://www.escritoyhecho.com/ir/como-escribir-un-libro/

SOBRE EL AUTOR

Sento Lorente, Autor y Editor Best Seller, Conferenciante Internacional, Formador Online y Experto en Publiredacción y Lanzamientos Online es el director de **Escrito Y Hecho**.

Ha creado Campañas de Email Marketing, Cartas de Ventas y ha Editado y Publicado libros, tanto en formato digital como en formato físico, para algunos de los marketeros más reconocidos del mercado Hispano.

Fundó Escrito y Hecho en 2014 con la idea de ofrecer ayuda a otras personas por medio de servicios de Publi Redacción, Escritura, Corrección, Transcripción y Edición de textos y libros online.

Gran apasionado de Internet, siempre está en constante investigación y desarrollo, con la única finalidad de poder ayudar a los demás a lograr sus sueños.

Actualmente es un Referente entre los marketeros más Exitosos del mercado hispano y en la Edición y Publicación de libros en Amazon.